Was ich dir schenken will

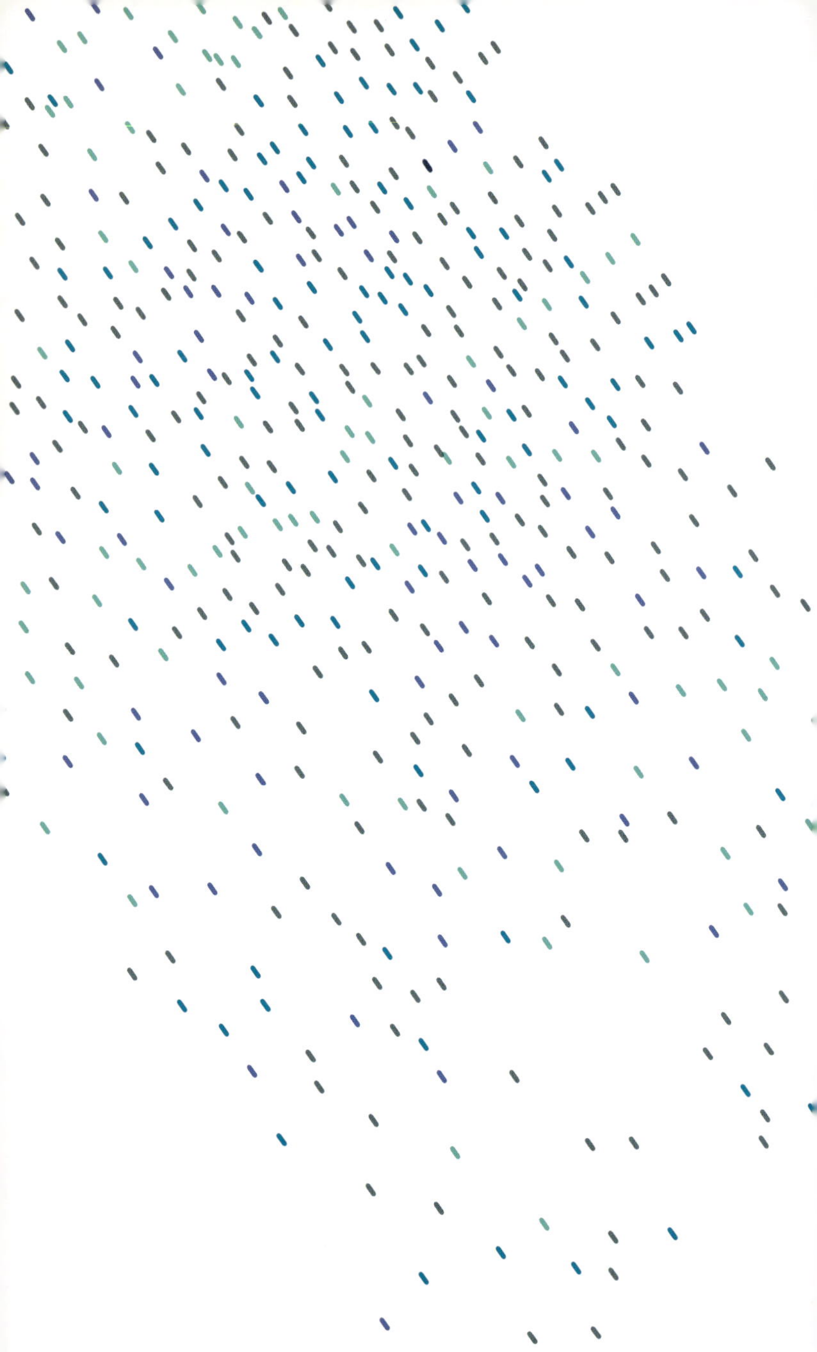

Ute Latendorf

Was ich dir schenken will

Proviant fürs Leben

GRÜNEWALD

Für meine Töchter
Anja und Britta

Leben lernen

Von der Sonne lernen,
zu wärmen,
von den Wolken lernen,
leicht zu schweben,
von dem Wind lernen,
Anstöße zu geben,
von den Vögeln lernen,
Höhe zu gewinnen,
von den Bäumen lernen,
standhaft zu sein.

Von den Blumen
das Leuchten lernen,
von den Steinen
das Bleiben lernen,
von den Büschen im Frühling
Erneuerung lernen,
von den Blättern im Herbst
das Fallenlassen lernen,
vom Sturm
die Leidenschaft lernen.

Vom Regen lernen,
sich zu verströmen,
von der Erde lernen,
mütterlich zu sein,
vom Mond lernen,
sich zu verändern,
von den Sternen lernen,
einer von vielen zu sein,
von den Jahreszeiten lernen,
dass das Leben immer wieder
von neuem beginnt …

Ängste überwinden

Etwas Angst haben ist gut,
das schützt dich vor Gefahren.
Zuviel Angst haben ist schlecht,
das hindert dich am Leben.
Angst kann zum Ungeheuer werden,
riesengroß,
mit scharfen Zähnen
und bitterbösem Blick.
Du wirst ganz klein und hilflos.
Du fühlst dich ohnmächtig.
Du möchtest weglaufen.
Tu das nicht!
Du darfst nicht zurückweichen,
denn dann wird die Angst immer größer
und du immer kleiner.
Dann hast du verloren.
Du musst Stellung beziehen
und Widerstand leisten!
Stell dich aufrecht hin,
atme tief durch.

Schau der Angst ins Gesicht
und lass sie nicht größer werden
als du selber bist.
Du musst hindurchgehen
durch die Angst,
dann merkst du:
Sie ist nichts als Luft,
ein riesiger Berg von Luft,
der sich auflöst in nichts.

Das Böse in der Welt

Das Böse ist mitten unter uns.
Es breitet sich aus in der Welt.
Das Böse ist wie eine Schlange.
Es schlängelt sich in Gedanken und Taten.
Es ist Neid und Missgunst,
Bosheit und Intrigen,
Lüge und Gier,
Verleumdung und Verachtung,
Erniedrigung und Unterdrückung,
Folter und Totschlag und Mord.
Das Böse ist jede Form von Gewalt.
Das Böse ist das Böse.
Das Böse ist auch das Kranke.
Es ist das Dumme
und das Verzweifelte.
Das Böse pflanzt sich fort.
Viele Täter sind Opfer gewesen.
Das Böse schreibt Geschichte
in Deutschland,
in anderen Ländern.

Das Böse ist machtgierig,
es will unterdrücken,
Leben zerstören
und triumphieren.
Wir dürfen es nicht hinnehmen,
wir müssen Widerstand leisten.
In uns selbst,
in anderen,
in der Welt.
Wir dürfen die Augen nicht verschließen.
Wir müssen weiter an das Gute glauben.

Das Leben ist ein Geschenk

Das Leben ist ein Geschenk.
Gestalte es dir so angenehm wie möglich.
Finde heraus, was gut für dich ist,
und versuche, dein Leben danach einzurichten.
Suche immer nach einem Sonnenplatz.
Freue dich über alles Schöne.
Überfordere dich nicht,
aber unterfordere dich auch nicht.
Lerne deine Stärken kennen
und sei nachsichtig mit deinen Schwächen.
Du darfst vom Leben Gutes erwarten,
aber vergiss nicht, auch Gutes zu geben.
Vertraue auf deine eigene Kraft
und hoffe auch auf Wunder.
Steh mit beiden Beinen auf dem Boden,
aber benutze auch deine Flügel.
Mache dich offen für alles Wunderbare.
Versuche immer ganz du selbst zu sein.
Behalte dich immer lieb.
Sei dein bester Freund.
Versuche, das Leben zu lieben.
Versuche, die Menschen zu verstehen.

Das Leben ist hart

Es gibt wenig geschenkt im Leben.
Das meiste ist Kampf.
Menschen leiden, weil sie keine Arbeit haben.
Menschen leiden am Arbeitsplatz.
Das tägliche Leben wird schwieriger.
Alles wird teurer.
Das Klima verändert sich,
es gibt Naturkatastrophen.
Unzählige Menschen verhungern und verdursten
Terror breitet sich aus.
Du kannst nirgends sicher sein vor Anschlägen.
Es gibt keine Sicherheiten.
Die Welt verändert sich.
Die Bedrohungen nehmen zu.
Dieser Realität musst du ins Auge sehen,
aber du darfst nicht resignieren
und musst einen kühlen Kopf bewahren.
Vielleicht kannst du jemandem helfen,
vielleicht kannst du die Welt heller machen.
Suche dir Gleichgesinnte,
zeige dich solidarisch,
schau aus nach Hoffnungsträgern.

Lies in Geschichtsbüchern.
Die Welt war immer unvollkommen.
Das Leben war immer hart.
Es gab immer Herausforderungen.
Menschen werden geboren
und Menschen sterben.
Das Leben geht immer weiter.
Nutze deine Zeit!

Die Gesichter des Tages

Jeder Tag hat sein eigenes Gesicht.
Manchmal lächelt er dich an,
manchmal zeigt er dir die Zähne,
manchmal zwinkert er dir zu.
Kein Tag ist wie der andere.
Jeder hat eine Aufgabe für dich.
Lass dich überraschen
und sei offen für alles, was geschieht.
Hab keine Angst!
Du kannst alle Anforderungen bewältigen
und du lernst täglich etwas dazu.
Zeige dem Tag dein eigenes Gesicht.
Lächle ihn an,
zeige ihm die Zähne,
zwinkere ihm zu.

Die Liebe ist kein Kinderspiel

Die Liebe lässt sich nicht erzwingen.
Wenn sie da ist, ist sie da.
Sie kommt bestimmt,
du musst nur abwarten können.
Sei achtsam, sonst geht sie vorüber.
Der Fremde wird zum Nächsten.
Ihr lernt einander kennen,
ihr gewöhnt euch aneinander.
Ihr genießt das Heute,
erzählt euch vom Gestern
und macht Pläne für morgen.
Ihr werdet euch vertraut,
ihr vertraut einander.
Manchmal kommt Misstrauen auf.
Nicht jede Verliebtheit wird zur Liebe.
Nicht jede Liebe bewährt sich im Alltag.
Die Liebe darf dich nicht schwächen.
Sie soll dir helfen, heil zu werden.
Du darfst dich nicht verlieren in der Liebe.
Du musst dir selbst treu bleiben.
Die Liebe muss ein Zuhause haben,
aber sie darf nicht zum Gefängnis werden.

Die Tür muss immer offen bleiben.
Wenn die Liebe vorbei ist, betrauere sie.
Sei dankbar, dass es sie gab.
Und freue dich auf eine neue Liebe.

Entscheidungen treffen

Täglich musst du kleine Entscheidungen treffen:
welches Brot du kaufst,
welche Jacke du anziehst.
Manchmal musst du
große Entscheidungen treffen:
welchen Beruf du wählst,
in welche Stadt du ziehst.
Es ist wichtig, Entscheidungen zu treffen,
mit dem Verstand,
mit dem Gefühl,
mit beiden zusammen.
Es ist schwierig, Entscheidungen zu treffen.
Man legt sich fest,
man schließt andere Möglichkeiten aus.
Richtige Entscheidungen treffen,
falsche Entscheidungen treffen:
Das Brot schmeckt dir.
Es schmeckt dir nicht.
Die Jacke steht dir.
Sie steht dir nicht.
Der Beruf macht dich glücklich.
Er macht dich nicht glücklich.

Die Stadt gefällt dir.
Sie gefällt dir nicht.
Du hast dich entschieden,
aber du kannst dich neu entscheiden,
du kannst dich anders entscheiden.
Aus Fehlern lernt man.
Man kann nicht alles vorher wissen.
Man muss sich ausprobieren.
Du darfst dich nicht
vor Entscheidungen drücken,
sonst gelingt das Leben nicht.
Aus falschen Entscheidungen lernen.
Aus richtigen Entscheidungen lernen.
Lernen, sich zu entscheiden.

Enttäuschungen

Du erlebst Enttäuschungen.
Du fühlst dich verraten,
du fühlst dich hintergangen,
du bist gekränkt.
Manche Menschen sind so:
Sie reden hinter deinem Rücken.
Sie machen dich schlecht bei anderen.
Sie lassen dich fallen.
Sie belügen dich.
Du willst dich zurückziehen?
Du willst nicht mehr unter Leute?

Du willst dich einigeln?
Falsch!
Ganz falsch!
Es gibt solche Menschen.
Es gibt aber auch andere,
die sind ehrlich und offen,
erwidern deine Zuneigung
und freuen sich auf dich.
Sie trösten dich, wenn du traurig bist,
sie halten dich, wenn du fällst.
Sie mögen dich wirklich.
Mach die Augen auf
und schau genau hin!
Such dir die richtigen Menschen.
Enttäuschungen lehren uns manches
über uns selbst
und über die anderen.
Lass dich nicht täuschen,
aber behalte dein Vertrauen.
Sei wachsam,
aber lass dich nicht entmutigen.

Es gibt Regentage

An manchen Tagen
magst du morgens nicht aufstehen.
Es regnet.
Es ist November.
Alles ist grau und trübe.
Auch andere Menschen fühlen wie du.
Sie sind schlecht gelaunt an Regentagen.
Sie sind schlecht gelaunt im November.
Lass deine Traurigkeit zu.
Du musst nicht immer
fröhlich durchs Leben gehen.

Das schafft kaum jemand.
Alle haben es schwer,
auf die eine oder andere Weise.
Lies ein trauriges Buch.
Schau dir einen traurigen Film an.
Höre ein trauriges Lied.
Dann fühlst du dich nicht so allein.
Leg dich in die Badewanne.
Zünde eine Kerze an.
Trinke eine heiße Schokolade.
Entspanne dich.
Hoffe auf besseres Wetter.
Nach jedem Winter kommt ein neuer Frühling.
Und hinter jeder Regenwolke
scheint immer die Sonne.

Es ist nicht sinnlos

Manchmal kommt dir alles sinnlos vor.
Du fühlst dich wie ein Hamster im Rad:
Du läufst und läufst
und kommst nicht voran.
Alle Mühen umsonst?
Alles sinnlos?
Nein!
Das Leben hat einen Sinn,
auch wenn wir ihn nicht immer begreifen.
Dein Leben hat einen Sinn.
Jedes Leben hat einen Sinn.
Das Leben der Menschen.
Das Leben der Mücke.
Und das Leben des Elefanten.
Wir müssen es nicht verstehen,
wir müssen nur leben
und leben lassen.
Jedes Leben verdient Achtung.
Das Leben der Menschen.
Das Leben der Tiere und Pflanzen.
Jede Blume am Weg.
Jeder Zweig am Baum.

Jedes Blatt, jedes Korn.
Begegne allem Leben mit Achtung,
begegne dir selbst mit Achtung.
Ertrage das Nichtverstehen.
Lebe!

Es liegen Steine im Weg

Der Weg durchs Leben ist nicht immer leicht.
Es gibt beschwerliche Strecken.
Große, harte Steine liegen auf deinem Weg,
die dich daran hindern, einfach weiterzugehen.
Überlege in Ruhe:
Musst du zurückweichen?
Kannst du darüber klettern?
Sollst du um sie herumgehen?
Kannst du sie wegräumen?

Du kannst die Steine verfluchen.
Du kannst mit deinem Schicksal hadern.
Oder du kannst dich auf die Steine setzen,
eine Weile ausruhen und nachdenken.
Auch andere Menschen
haben Steine auf ihrem Weg.
Vielleicht sind ihre Steine kleiner als deine,
vielleicht sind sie größer.
Sieh deine Steine als Herausforderung an.
Nimm dir ein Beispiel an anderen Menschen.
Lies Berichte über Menschen,
deren Wege steinig waren,
über Menschen, die von den Steinen
gelernt haben
und durch die Steine stark geworden sind,
erfinderisch, verständnisvoll, weise.
Lerne von deinen Steinen!

Geduld lernen

Es gibt eine Zeit zum Tun
und eine Zeit zum Abwarten.
Du bist wie ein Sämann.
Du bereitest den Boden
und legst den Samen hinein.
Dann musst du warten.
Geduld ist wichtig.
Manchmal scheint die Zeit still zu stehen.
Manchmal scheint sich nichts zu bewegen.
Auch du selbst kommst nicht in Bewegung.
Aber das macht nichts.
Lerne still zu sitzen,
horche in dich hinein.
Halte den Stillstand aus
und ertrage die Ruhe.
Lerne das Warten:
im Winter auf den Frühling,
nach dem Säen auf das Keimen,
auf die Rückkehr eines Menschen,
auf Antworten,
auf das innere Wachsen,
auf die eigene Lebensfreude.

Aushalten lernen.
Abwarten lernen.
Still sein lernen.
Passiv sein können.
Nirgends hingehen.
Niemanden fragen.
Abwarten.
Geduld lernen!

Genieße jede glückliche Stunde

Das große Glück gibt es kaum.
Aber das kleine Glück ist auch nicht zu verachten.
Es gibt kein dauerndes Glück,
aber viele glückliche Stunden.
Du kannst nicht
ein immer glücklicher Mensch werden,
aber ein zufriedener Mensch kannst du werden.
Ein Mensch, der aus allem das Beste macht,
der einverstanden ist mit seinem Leben,
trotz widriger Umstände.
Ein Mensch, der in sich selbst Frieden findet
und in sich ruht.
Genieße jede Glücksminute!
Schreibe sie auf,
damit du sie nicht vergisst!
Freue dich über die Geschenke des Lebens:
über eine schöne Blume am Weg,
über einen frischen Windhauch am Meer,
über das Lächeln eines lieben Menschen.
Glück heißt, dankbar zu sein.

Keine Stunde des Lebens kehrt zurück
und nichts wiederholt sich.
Jeder Augenblick ist einmalig.
Du veränderst dich.
Deine Mitmenschen verändern sich.
Die Welt verändert sich.
Genieße das tägliche Glück.
Glücksmomente sind wie Perlen.
Fädele sie auf eine Kette
und bewahre sie gut auf.
Möge deine Kette ganz lang werden!

Gib niemals auf

Egal, was passiert,
gib niemals auf!
Und es kann viel passieren:
Krankheiten, Unfälle, Arbeitslosigkeit,
Trennungen, Tod und Teufel.
Wir leben nicht im Paradies
und niemand bleibt von Unglück verschont.
Es kommt darauf an, wie du damit umgehst.
Alkohol ist keine Hilfe.
Drogen sind keine Hilfe.
Freunde können helfen.
Eltern können helfen.
Schäm dich nicht,
über dein Unglück zu sprechen.
Andere Menschen erleben Ähnliches.
Du weißt nicht,
ob dein Unglück wirklich nur Unglück ist.

Alle Schlimme kann sich zum Guten wenden.
Vielleicht führt es dich zu neuen Erkenntnissen.
Gib dich niemals auf,
egal, was passiert.
Überlass dich nicht der Verzweiflung,
sondern suche nach neuen Wegen.
Sei mutig und standhaft,
steh zu deinem Leben und zu dir selbst.
Gib die Hoffnung niemals auf!

Gott

Gott?
Dieser Name?
Ein anderer Name?
Vielleicht,
vielleicht nicht.
Kein lieber Gott.
Nicht Vater, nicht Mutter.
Ein schwacher Gott?
Ein Gott, der weggegangen ist?
Ein Gott, der über uns lacht?
Ein Gott, der über uns weint?
Gott?
Vielleicht der Himmel über uns.
Ein Baum, eine Blume,
ein Berg oder Fluss.
Vielleicht die Luft, die wir atmen,
oder die Erde unter unseren Füßen.
Vielleicht das Brot, das uns nährt,
das Lächeln zum anderen hin.

Ein schöner frischer Frühlingsmorgen,
ein goldenes Herbstblatt,
ein Stern am dunklen Nachthimmel,
ein fröhliches Kind,
eine glückliche Stunde.
Gott?
Vielleicht so.
Oder anders.
Ganz anders.

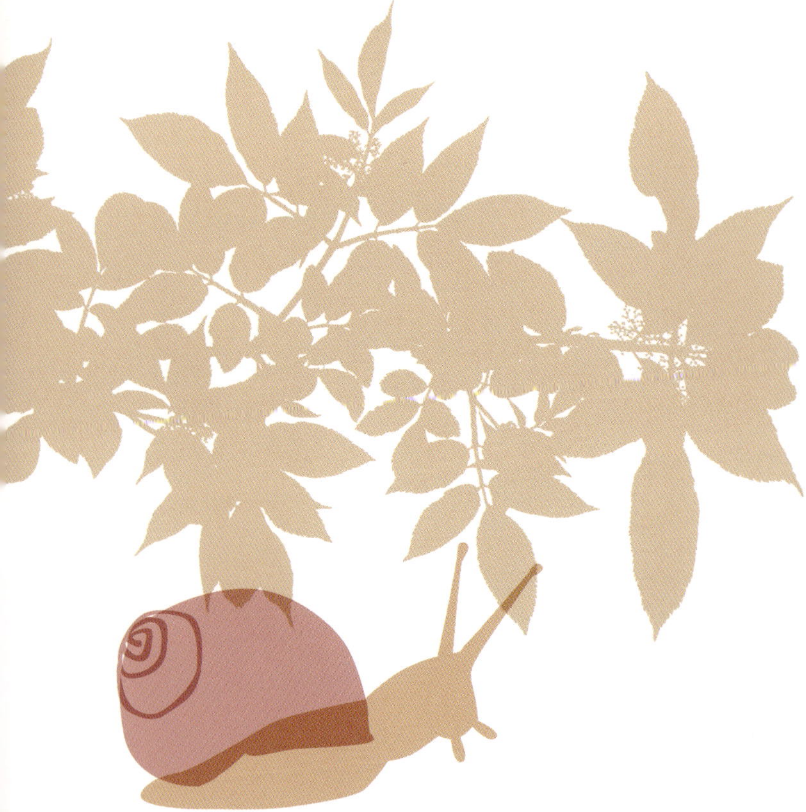

Große Sprünge, kleine Schritte

Manchmal machst du große Sprünge,
fast bis zum Himmel.
Das sind die glücklichen Tage.
Von ihnen müsste es ganz viele geben.
Du hast Mut,
du hast Schwung,
du traust dir was zu.
Alles kann dir heute gelingen.
Manchmal kannst du nur kleine Schritte tun,
einen vor den anderen.
Du kommst im Schneckentempo voran.
Das macht nichts.
Es gibt solche und solche Tage.
Alle haben ihren Sinn.
Immer springen geht nicht,
du bist schließlich kein Frosch.
Auch kleine Schritte sind notwendig,
auch kleine Schritte bringen dich voran.
Hab Geduld mit dir selbst
und genieße die Langsamkeit.
Sammle Kraft
für die nächsten Sprünge!

Keine Sicherheiten

Es gibt keine Sicherheiten im Leben.
Vieles kann geschehen.
Jeden Tag.
Gutes und Schlechtes.
Nicht alles ist planbar,
nicht alles ist machbar.
Wir können nicht in die Zukunft schauen.
Wir wissen nicht, was morgen geschieht.
Wir wissen nicht, wo wir übermorgen leben
werden.
Wir wissen nicht, ob wir in einem Jahr noch
leben werden.
Wir sind wie Seiltänzer
und tanzen über dem Abgrund.
Mit Netz?
Ohne Netz?

Wir müssen gehen.
Ohne Sicherheiten.
Ausprobieren, was möglich ist.
Täglich lernen,
beweglich zu sein,
sich auf neue Situationen einzustellen,
sich anzupassen,
zu leben.
Wir können Glück und Erfolg nicht einklagen.
Wir haben keinen Anspruch auf Unversehrtheit.
Wir müssen hinnehmen, was kommt,
das Gute mit Dankbarkeit,
das Schlechte mit Tapferkeit.
Leben mit Unsicherheiten.
Es gibt nur eine Sicherheit:
Nichts bleibt, wie es ist.

Lass dich überraschen

Das Leben hält Überraschungen bereit.
Es kommt manchmal anders, als du denkst.
Nicht jeder Tag ist gleich,
nicht jedes Ereignis ist vorhersehbar.
Du musst offen sein
für das Unbekannte,
für das Ungewohnte,
für das, was noch nie da war
in deinem Leben.
Sag ja:
»Ja, ich will etwas Neues sehen.
Ja, ich will meinen Standpunkt ändern.
Ja, ich will mich verändern lassen.«
Lass dir Anstöße geben.
Schau in eine neue Richtung.
Geh auf einem neuen Weg.
Probiere dich aus.
Sei schöpferisch.
Finde zur Lebensfreude!
Lass dich überraschen!
Das Leben winkt.

Lebendig sein

Ich wünsche dir, dass du lebendig bleibst.
Immer glücklich sein geht nicht,
aber immer lebendig sein geht.
Glücklich und unglücklich sein,
lachen und weinen,
mutig und ängstlich sein.
Lebendig sein.
Sehen, hören, riechen, fühlen, tasten,
spüren und wahrnehmen.
Echt sein, berührbar sein.
Krisen bewusst durchstehen.
Wütend sein, aufbegehren, kämpfen.
Lieben,
vor allem lieben!
Lebendig sein.
Ein ganzer Mensch sein.
Ohne Maske.
Erkennbar.
Anderen ein Mitmensch sein.
Lebendig sein bis zum Tode.
Und danach vielleicht:
lebendig bleiben.

Mit den Menschen in Frieden leben?

Du möchtest ein friedliches Leben führen.
Du willst dich nicht streiten.
Du möchtest mit anderen Menschen
in Frieden leben.
Das ist nicht leicht.
Mit einigen kommst du gut zurecht,
mit anderen nicht.
Du kannst es nicht allen recht machen.
Du darfst es nicht allen recht machen wollen.
Du kannst dich nicht an alle anpassen.
Du darfst dich nicht verbiegen.
Du musst eine eigene Persönlichkeit sein
mit eigenen Wertvorstellungen.
Suche dir Gleichgesinnte!

Versuche, mit dir selbst in Frieden zu leben.
Auch das ist nicht leicht.
Niemand darf dich unterdrücken.
Du darfst niemanden unterdrücken.
Wenn dir Unrecht geschieht,
musst du dich wehren.
Es gibt Menschen, die dir schaden wollen.
Halte dich von ihnen fern.
Es gibt Menschen, die dich unterstützen wollen.
Suche ihre Nähe.
Sei nicht zu leichtgläubig,
aber auch nicht zu misstrauisch.
Kämpfe, wenn es sein muss,
aber nicht um des Kampfes willen.

ZIEL

Nimm dir Zeit

Nimm dir Zeit:
zum Wachsen,
zum Erkennen,
zum Ankommen.
Nimm dir die Zeit, die du brauchst.
Jeder hat seine eigene Geschwindigkeit.
Manche Menschen wissen genau, was sie wollen,
andere sind sich nicht so sicher.
Manche Menschen rennen direkt zum Ziel,
andere machen Umwege.
Wenn du schlendern willst, dann tu es.
Manche Menschen wissen genau, wer sie sind,
andere müssen es erst herausfinden.
Nimm dir Zeit,
so viel Zeit, wie du brauchst.
Du bist niemandem Rechenschaft schuldig.
Es gibt schnell wachsende Bäume.
Es gibt langsam wachsende Bäume.
Schön sind sie alle.

Probier was aus

Schau doch mal,
wohin du kommst,
wenn du losgehst.
Probier dich aus.
Mehr als schiefgehen kann es nicht.
Erkenne deine Fähigkeiten,
nutze deine Möglichkeiten.
Begeistere dich für etwas.
Setze dir Ziele
und versuche sie zu erreichen.
Streng dich an.
Glaub an dich selbst.
Geh einfach los.
Überwinde deine Angst.
Was kann schon passieren?
Was gelingt, gelingt.

Freu dich darüber.
Was misslingt, misslingt.
Mach dir nichts draus.
Es sollte nicht sein.
Wer weiß, wozu es gut ist.
Hake es ab
und wende dich anderen Dingen zu.
Probiere etwas Neues aus.
Probiere dich aus.
Tag für Tag,
Stunde für Stunde.

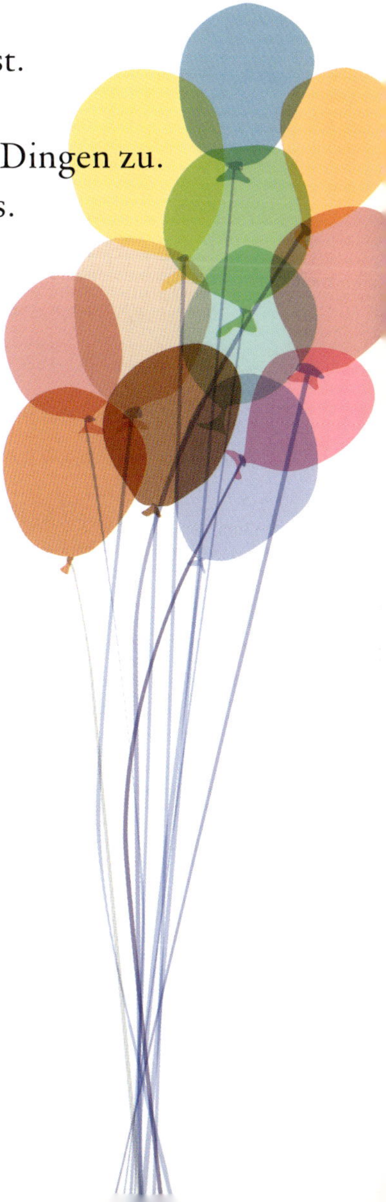

Reisen

Reisen ist wichtig.
Nach Hause kommen ist wichtig.
Fortgehen und wiederkommen,
wiederkommen und wieder fortgehen.
Reisen schafft Weite
und eröffnet neue Horizonte.
Es ist nicht wichtig, wohin du reist,
es muss nicht weit weg sein.
Aber es muss anders sein als zu Hause,
denn dann lernst du dich anders kennen.
Zuhause ist alles vertraut:
Du kennst die Menschen,
du kennst die Wege.
Unterwegs sind andere Menschen.
Unterwegs sind andere Wege.
Du entdeckst Neues.
Du lernst, dich zurechtzufinden.
Reisen ist Abenteuer.
Reisen ist Wagnis.
Reisen ist Abwechslung vom Alltag.
Wer reist, wächst.

Die Reise ist zu Ende,
du kommst nach Hause.
Auch das ist schön.
Reisen, um sich auf zuhause zu freuen.
Reisen, um sein Zuhause
wieder neu zu genießen.
Mit neuen Eindrücken
in die alte Vertrautheit eintauchen,
sich verändert fühlen,
sich geweitet fühlen,
schöne Erinnerungen haben.
Lust bekommen auf die nächste Reise!

Schaff dir ein grünes Plätzchen

Zum Glück gibt es Bäume
und Büsche
und Blumen in der Welt
und Gärten und Parks
und den Duft von Rosen und Phlox.

Lege dir einen Garten an,
begrüne deinen Balkon
oder finde ein grünes Plätzchen in deiner Nähe.
Laufe morgens durch taunasse Wiesen.
Fahre abends mit dem Fahrrad durch die Felder.
Umarme den Baum vor deinem Haus.
Die Natur ist ein Freund,
die Natur ist viele Freunde.
Sie verletzt nicht, sondern heilt.
Sie lächelt dich an mit vielen bunten Blumen.
Sie beruhigt dich durch das Rauschen der Blätter.
Die Natur will deine Lehrmeisterin sein.
Sie lehrt dich Hoffnung.
Sie lehrt dich Geduld.
Sie lehrt dich Zuversicht.
Stell dir Blumentöpfe auf den Balkon.
Pflanze Stiefmütterchen hinein,
Geranien und Petunien.
Sorge für deine Freunde.
Gieße sie, wenn sie durstig sind,
pflanze sie um, wenn der Topf zu klein wird.
Bewundere sie, weil sie schön sind.
Danke ihnen für die Freude, die sie dir bereiten.

Schicksal

Du hast ein Schicksal.
Vieles ist vorherbestimmt:
dein Geburtsort,
deine Familie,
deine Anlagen,
Krankheiten und Unfälle,
der Zeitpunkt deines Todes.
Du kannst nichts dagegen tun.
Du musst es hinnehmen.
Es prägt dich.
Es macht dich zu dem, der du bist.
Jeder Mensch hat sein Schicksal,
vor dem er nicht weglaufen kann.
Jedes Schicksal birgt Möglichkeiten.
Du kannst das Beste daraus machen.
Du kannst daran wachsen.
Du kannst dich entwickeln.
Das Schicksal ist wie ein Garten:
Größe und Bodenbeschaffenheit
sind vorgegeben,
aber du hast Freiheiten.

Du kannst Bäume pflanzen,
Büsche oder Blumen.
Du kannst den Garten zum Blühen bringen
oder ihn asphaltieren
und veröden lassen.
Der kleinste Garten kann zum Paradies werden.
Es kommt auf den Gärtner an.
Sei ein guter Gärtner
in deinem eigenen Garten.
Sei ein phantasievoller Gestalter
in deinem eigenen Schicksal.

Schuld

Menschen sind Menschen
und keine Übermenschen.
Sie machen Fehler,
bewusst oder unbewusst.
Sie werden schuldig
an sich selbst,
an anderen,
an der Welt.
Manche Menschen verdrängen ihre Schuld.
Sie leugnen ihre Schuld.
Sie können ihre Schuld nicht zugeben.
Das ist traurig.

Es gibt Menschen, die sehen ihre Schuld ein.
die geben ihre Schuld zu.
Sie bitten um Vergebung.
Das ist gut.
Diese Menschen sind ehrlich.
Sie machen sich und anderen nichts vor.
Leben ohne Schuld ist unmöglich.
Du wirst schuldig an anderen,
andere werden schuldig an dir.
Sei nicht zu streng mit dir selbst,
sei nicht zu streng mit anderen.
Aus der eigenen Schuld kann man lernen:
anderen ihre Schuld zu vergeben.

Sei ein Begleiter

Sei ein Lebensbegleiter!
Begleite andere Menschen durch das Leben.
Durch gute und schlechte Zeiten.
Begleite deine Eltern und Geschwister,
deine Freunde und Bekannten,
den Menschen, den du vor allem liebst,
deine Kinder und deine Haustiere.
Lass dich begleiten
von Eltern und Geschwistern,
von Freunden und Bekannten,
von dem Menschen, den du vor allem liebst,
von deinen Kindern, von deinen Haustieren.
Lebensbegleitung ist wichtig,
denn allein lässt sich das Leben nicht leben.
Wir brauchen Unterstützung.
Es gibt Lebenskrisen
und jeder trägt sein eigenes Kreuz.

Wir können einander die Kreuze nicht abnehmen,
aber wir können mitgehen.
Wir können mitfühlen,
wir können dabei sein,
für Wochen, für Monate, für Jahre.
Wir können uns das Leben gegenseitig erleichtern.
Als Lebensbegleiter.

Sei gut zu dir selbst

Sei wie ein Pfadfinder:
jeden Tag eine gute Tat –
für dich selbst.
Sei wie eine gute Mutter
zu dir selbst.
Sorge für dich!

Gehe sanft und freundlich mit dir um.
Finde heraus, was dich erfreut.
Tue dir etwas Gutes.
Mach dir jeden Tag eine Freude.
Lobe dich für Erfolge,
tröste dich bei Misserfolgen.
Ermutige dich, wenn du Angst hast.
Tröste dich, wenn du traurig bist.
Belohne dich mit kleinen Aufmerksamkeiten.
Lächle dich im Spiegel an, sage:
»Du gefällst mir. Ich mag dich.
Ich will dein Freund sein.«
Bist du gut Freund mit dir selbst?
Dann kannst du auch anderen
ein guter Freund sein.
Sei gut zu dir selbst,
dann kannst du auch gut zu anderen sein.

Träume

Manchmal fühlst du dich wie erstarrt,
wie gelähmt,
wie festgefahren.
Deine Lage scheint aussichtslos.
Du bist unzufrieden mit dem Leben
und weißt nicht, warum.
Weißt nicht, was dir fehlt.
Weißt nicht, was du willst.
Du suchst nach einer Antwort.
Wer soll sie dir geben?
Du brauchst einen Wegweiser.
Wer soll dir den Weg weisen?
Du selbst.
Dein Innerstes.
Dein persönlicher Engel.
Vielleicht bekommst du die Antwort im Schlaf,
wenn du träumst.
Nimm deine Träume ernst.
Schreibe sie auf,
sinne ihnen nach,
versuche, sie zu verstehen.
Es sind Botschaften an dich.

Es sind Hinweise und Wegweiser.
Sie sagen dir, was du wissen willst.
Sie sagen dir deine Wahrheit.
Sie wollen dir helfen.
Sie zeigen dir, wo es langgeht.

Türen

Es gibt viele Türen im Leben.
Überall sind Türen.
Manche Türen sind verschlossen,
manche sind geöffnet.
Du stehst vor einer verschlossenen Tür.
Du möchtest hinein.
Du hoffst, dass sie sich öffnet.
Du klopfst
und wartest.
Niemand öffnet.
Die Tür bleibt verschlossen.
Du wirst wütend.
Du schlägst dagegen.
Du schreist.
Es nützt nichts!
Du bist enttäuscht.
Du bist traurig.
Du bist entmutigt.
Du resignierst.
Du wartest noch immer.
Warum?
Du stehst vor der falschen Tür!

Du verschwendest deine Zeit.
Du verschwendest deine Energie.
Diese Tür bleibt verschlossen.
Das musst du akzeptieren.
Steh auf und sieh dich um.
Es gibt noch mehr Türen in der Welt.
Es gibt auch geöffnete Türen!
Sie warten auf dich.
Dort kannst du eintreten.
Es ist ganz einfach.

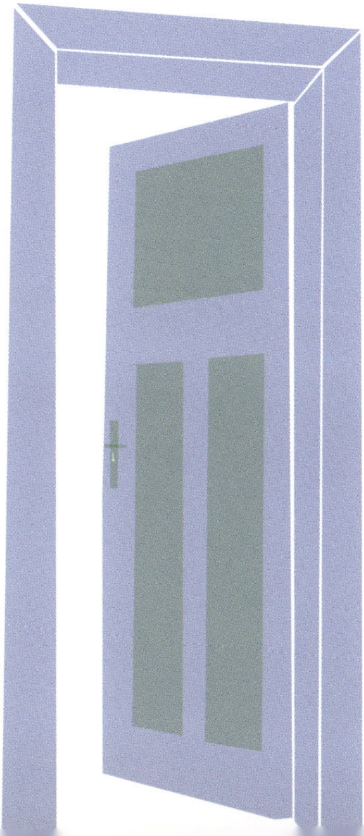

Unser Sterben

Jeder Mensch muss sterben,
der eine früher, der andere später.
Jedes Leben endet mit dem Tod.
Niemand kann davor weglaufen,
niemand kann sich freikaufen.
Viele Menschen verdrängen den Tod
aus ihrem Leben.
Andere beschäftigen sich mit dem Tod.

Es gibt keine Gewissheiten.
Wir wissen nichts über das Danach.
Die Wissenschaftler wissen nichts.
Die Gläubigen glauben viel.
Die Dichter ahnen und vermuten.
Der Tod kommt mitten im Leben.
Er kündigt sich lange an.
Er kommt überraschend.
Er findet uns vorbereitet.
Er findet uns unvorbereitet.
Wir wehren uns.
Wir bleiben gelassen.
Wir halten uns krampfhaft fest am Leben.
Wir beugen uns in Würde.
Wir lassen los.
Wir lassen uns fallen.
Wir haben Angst.
Wir sind einverstanden.
Der Tod ist das Ende.
Vielleicht ist er auch ein Anfang.

Unterwegs sein

Leben heißt unterwegs sein.
Heute hier, morgen dort.
Heute ist nicht wie gestern
und morgen ist nicht wie heute.
Allein unterwegs sein.
Mit anderen unterwegs sein.
Bei Sonne und Regen,
bei Sturm und Hagel.
Am Meer und in den Bergen,
im Wald und auf der Landstraße,
auf Höhen und in Tälern.
Unterwegs sein im Licht,
unterwegs sein im Dunkeln.

Leichtfüßig unterwegs sein
oder auf einen Stock gestützt.
Gehen, wandern, laufen, hüpfen,
stolpern, stürzen, aufstehen, weitergehen.
Nach links und nach rechts gucken,
Blumen pflücken unterwegs.
Umwege gehen,
Abkürzungen nehmen.
Wege erkunden,
die Richtung beibehalten.
Den Mut nicht verlieren.

Verkriech dich nicht

Verkriech dich nicht.
Versteck dich nicht vor dem Leben.
Mach dich nicht unsichtbar.
Du bist wichtig in dieser Welt.
Du bist ein Teil des Ganzen.
Du bist du.
Du bist einmalig.
Du kannst etwas,
was andere nicht können.
Du wirst gebraucht.
Irgendwo.
Geh hinaus ins Leben.
Schau dich um,
erfahre dich selbst,
probiere dich aus.

Pack irgendwo an.
Sei aufmerksam
und höre auf den Ruf des Lebens.
Er gilt dir,
er gilt allen.
Versteck dich nicht
in deiner Wohnung,
in deinem Bett,
vor dem Fernseher.
Geh an die Luft,
atme sie ein,
atme sie aus.
Beweg dich.
Verkriech dich nicht!

Verlass deine Eltern

Du musst deine Eltern verlassen,
sonst kannst du nicht frei werden.
Du musst fortgehen.
Deine Eltern müssen zurückbleiben.
Sie sind alt und du bist jung.
Du willst dein eigenes Leben führen.
Lass dir nicht ihre Probleme aufpacken.
Du hast deine eigenen.
Du bist nicht wie sie
und sie sind nicht wie du.
Du hast andere Pläne und Ziele.
Du willst woanders hin als deine Eltern.
Sie gehen schon langsamer.
Sie singen andere Lieder.
Sie sind auch nur Menschen
und haben viele Fehler gemacht.
Sie haben nicht alle ihre Träume verwirklicht.
Glaub du trotzdem
an die Verwirklichung deiner Träume.
Geh deinen Weg.
Du bist kein Kind mehr.
Du kannst auf eigenen Füßen stehen.

Sprecht euch aus, bevor du gehst.
Sag ihnen, was dich gekränkt hat.
Sag ihnen, worunter du gelitten hast.
Sag ihnen, was sie dir Gutes getan haben.
Und wenn du gehst:
Verzeih ihnen.

Wege

Es führen viele Wege über die Erde,
es gibt sogar Wege ins Weltall.
Es gibt den kleinen Weg ums Haus
und den Weg vom Haus zum Bäcker,
den Weg zum Nachbarn und zum Bahnhof,
in die nächste Stadt, zum Flugplatz
oder zum Hafen.
In ein anderes Land,
in einen anderen Erdteil.
Die täglichen Wege auf der Erde
und der einmalige Weg durchs Leben!
Es gibt breite Wege
und schmale Wege.
Wege sind überall.
Sie wollen gegangen werden.
Von dir,
von anderen.
Du musst deinen Weg finden,
den, der gangbar ist,
ihr müsst euch finden.
Es muss leicht sein zu gehen.

Wenn du ihn gefunden hast,
lass dich nicht davon abbringen.
Geh deinen Weg
ums Haus und durchs Leben –
und darüber hinaus.

Werde leicht

Nimm das Leben nicht so schwer.
Es geht nicht jeden Tag um Leben und Tod.
Schau auch auf die komische Seite des Lebens
und lache öfter mal.
Guck dir Clowns an.
Geh ins Kabarett.
Nimm nicht alles so ernst.
Sei nicht zu streng mit dir selbst.
Sein nicht zu streng mit anderen.
Schau großzügig über einiges hinweg.
Entspanne dich.
Bemühe dich um Leichtigkeit.
Lache über dich selbst.
Lache über das Leben.
Höre Musik
und singe
und tanze.

Leg ab, was dich belastet,
und hebe mal ab vom Boden.
Sei wie ein Schmetterling,
wie ein Vogel,
wie eine Schneeflocke.
Wie eine Feder im Wind!
Leicht
und frei.

Wie eine Fahrradtour

Das Leben ist wie eine Fahrradtour.
Manchmal hat man Gegenwind,
dann muss man sich anstrengen.
Manchmal hat man Rückenwind,
dann geht alles wie von selbst.
Es gibt ebene Wege,
darauf fährt es sich leicht.
Es gibt holprige Wege,
da schmerzt der Rücken.
Bei Sonne fährt es sich gut,
bei Regen nicht.
Das Wetter ändert sich.
Du fährst los.
Du hast ein Ziel.
Du weißt nicht, wann du ankommst,
du weißt nicht, ob du ankommst.
Du fährst einfach drauflos.
Du weißt nicht, was du zu sehen bekommst.
Ob sich der Weg gelohnt hat,
weißt du erst hinterher.
Du wirst Überraschungen erleben,
gute und schlechte.

Wenn du auf schlechter Strecke denkst,
du musst aufgeben –
tu es nicht!
Vielleicht kommt das Beste erst noch.
Hinter der nächsten Ecke sieht alles anders aus.
Halte mal an,
mach eine Pause!
Lass dir Zeit!
Genieße die schöne Landschaft.
Sei neugierig auf das, was kommt,
sei mutig und halte durch.
Trau dir was zu
und bleib im Sattel!

Wünsche

Alle Menschen haben Wünsche.
Viele Menschen haben ähnliche Wünsche:
Glück, Gesundheit, Arbeit, Wohlstand,
eine glückliche Ehe, Kinder, Freunde.
Manche Wünsche erfüllen sich wie von selbst,
für die Erfüllung anderer Wünsche
musst du hart arbeiten.

Manche Wünsche lassen sich nicht erfüllen.
Einigen Menschen wird viel geschenkt,
anderen wenig.
Es ist gut, Wünsche zu haben.
Wenn sie sich erfüllen, darf man sich freuen
und dankbar sein:
dem Schicksal, Gott, dem Leben.
Unerfüllte Wünsche dürfen uns nicht verbittern.
Sie gehören zum Leben.
Mangel schafft Tiefe,
Trauer schafft Einsicht.
Aus dem, was da ist, das Beste machen!
Nicht neidisch sein auf andere
und jedem das Seine gönnen.
Leben trotz unerfüllter Wünsche.
Das Machbare realisieren.
Die Wünsche dem Leben anpassen,
das Leben den Wünschen anpassen,
unerfüllte Wünsche bewahren.
Leben lernen!

Meine Gedanken:

Ute Latendorf wurde 1951 in Hamburg geboren. Sie ist Diplompädagogin, Autorin und Fotokünstlerin. Sie ist verheiratet, Mutter zweier erwachsener Töchter und lebt seit 1990 in Buxtehude.

Mix
Produktgruppe aus vorbildlich bewirtschafteten Wäldern und anderen kontrollierten Herkünften
www.fsc.org Zert.-Nr. GFA-COC-001298
© 1996 Forest Stewardship Council

Für die Schwabenverlag AG ist Nachhaltigkeit ein wichtiger Maßstab ihres Handelns. Wir achten daher auf den Einsatz umweltschonender Ressourcen und Materialien.
Dieses Buch wurde auf FSC-zertifiziertem Papier gedruckt. FSC (Forest Stewardship Council) ist eine nicht staatliche, gemeinnützige Organisation, die sich für eine ökologische und sozial verantwortliche Nutzung der Wälder unserer Erde einsetzt.

Der Matthias-Grünewald-Verlag ist Mitglied der Verlagsgruppe engagement

www.gruenewaldverlag.de

Gestaltung: Finken & Bumiller, Saskia Bannasch, Stuttgart
Umschlagabbildung: PhotoCase.com/ahayeah
Gesamtherstellung: Matthias-Grünewald-Verlag, Ostfildern
Hergestellt in Deutschland

ISBN 978-3-7867-2817-7